Gloire à Marie

TOUTE MISÉRICORDIEUSE

> *On ne publiera jamais assez les gloires de Marie..... Dieu a tout voulu nous faire avoir par Marie.*
>
> S. BERNARD.

BOURGES

IMPRIMERIE DE E. PIGELET, 15, RUE JOYEUSE

—

REPRODUCTION INTERDITE

Gloire à Marie

TOUTE MISÉRICORDIEUSE

> *On ne publiera jamais assez les gloires de Marie.... Dieu a tout voulu nous faire avoir par Marie.*
>
> S. BERNARD.

BOURGES

IMPRIMERIE DE E. PIGELET, 15, RUE JOYEUSE

REPRODUCTION INTERDITE

GLOIRE A MARIE

TOUTE MISÉRICORDIEUSE

> *On ne publiera jamais assez les gloires de Marie.... Dieu a tout voulu nous faire avoir par Marie.*
>
> S. BERNARD.

Estelle Faguette, âgée de 33 ans, femme de chambre chez Mme la comtesse Arthur de Larochefoucauld, tomba gravement malade à Paris, à la fin de mai 1875. Elle fut obligée d'interrompre son service, et sa maîtresse la fit entrer le 1er juin dans une maison de santé, chez les Augustines de la rue Oudinot. Elle était atteinte d'une péritonite subaiguë avec tubercules. Vers la fin de juillet, ses maîtres la firent transporter dans leur campagne, au château de Poiriers, commune de Pellevoisin (Indre), diocèse de Bourges. Ils ne tardèrent pas à la rejoindre. Elle était toujours très-mal. Le docteur B***, qui la soignait depuis plusieurs années, écrivait au mois d'août : « Qu'il avait constaté, outre la péritonite, des lésions »; et dans une autre lettre, « des tubercules pulmonaires, au sommet du poumon droit et peut-être même à gauche », et il ajoutait à Mme de Larochefoucauld : « Cette pauvre fille d'abord restera incapable de vous rendre aucun service et s'en ira tout doucement. » Puis il traçait une ordonnance et terminait encore par ces paroles : « Mais il ne faut pas oublier que c'est une phthisique. »

La malade, en effet, s'en allait tout doucement, selon les données de la science. Au commencement de septembre, après avoir commencé toute seule plusieurs neuvaines, elle fit, selon son expression, *son dernier testament*. Une petite grotte venait d'être élevée en l'honneur de Notre

Dame de Lourdes dans le parc du château. Elle fit donc une lettre à la sainte Vierge ; mais comme elle ne pouvait aller jusqu'à la grotte, elle chargea Mlle Reiter de la porter aux pieds de Marie et de la cacher sous les pierres. On verra plus loin comment cette lettre fut merveilleusement retrouvée.

Au mois de décembre, à la suite d'une crise violente, après avoir été de nouveau condamnée par le médecin du pays qui la soignait également depuis plusieurs années, elle avait reçu avec beaucoup de résignation les derniers sacrements. Ses maîtres, avant de partir pour Paris, vers la fin de janvier de 1876, l'avaient fait transporter avec beaucoup de soin, par une belle journée, à Pellevoisin, dans une maison à eux, où ils avaient retiré ses parents pour la soigner. Le 8 février, elle fut reprise d'une crise terrible, et le 10 elle était au plus mal. Un nouveau médecin, le docteur H***, appelé en toute hâte, constata non-seulement les tubercules, mais des cavernes dans la poitrine et ne lui donna que pour quelques heures de vie. Sur l'observation qu'elle ne pouvait prendre aucun remède sans vomir aussitôt, il dit qu'il était inutile de la martyriser, que ce n'était plus qu'une question d'heures. Elle souffrait horriblement, voyait très-bien son état, et était très-résignée.

Le dimanche, 13 février, elle pria M. le Curé de Pellevoisin d'écrire à Mme de Larochefoucauld de faire porter pour elle un cierge à Notre-Dame des Victoires et un autre à Lourdes au *Gesù*. Les cierges furent portés le lundi. Or, le mardi matin, elle dit à M. le Curé qu'elle avait vu la sainte Vierge, et qu'elle serait morte ou guérie le samedi suivant. Celui-ci l'encouragea, mais ne crut qu'à une pieuse illusion. Le lendemain, elle lui raconta qu'elle avait revu la sainte Vierge qui lui avait annoncé sa guérison pour le samedi. « Hier, vous m'avez dit que vous seriez morte ou guérie samedi ; aujourd'hui vous m'annoncez que vous serez guérie ; demain, que me direz-vous ? » Elle sentit bien à cette parole du prêtre qu'il ne la croyait pas, car elle lui en fit la remarque. Le jeudi matin, nouvelle prédiction de sa guérison pour le samedi, mais avec des détails tellement précis, des révélations si étranges sur des circonstances à elle personnelles, mais parfaitement connues du prêtre, que celui-ci fut ébranlé et ne voulut pas rester seul dépositaire de cette prédiction. Il engagea la mourante à en faire part à quelques personnes discrètes ; ce qu'elle fit par obéissance.

Enfin, le vendredi soir, à 10 heures, elle était au plus mal et à son dernier souffle. La faiblesse et les douleurs étaient extrêmes ; elle ne pouvait plus arracher ses crachats, elle étouffait. M. le Curé l'engagea à se confesser une dernière fois, bien qu'elle l'eût fait une dizaine de jours auparavant. Elle voulut absolument remettre au lendemain, disant qu'elle serait guérie. Celui-ci s'en retourna très-inquiet ; mais comme la cure n'était qu'à quelques pas, il fit promettre à sa mère de l'avertir au moindre signe.

Le lendemain matin vers 6 h. 1/2 il revint pour la confesser. Elle lui dit qu'elle se sentait comme guérie, mais que cependant elle ne pouvait absolument remuer le bras droit, dont elle ne se servait plus depuis 5 ou 6 jours, car il était excessivement enflé et complétement immobile. Elle lui raconta la vision qui trouvera place plus loin dans ce récit, et le prêtre la quitta pour aller dire la sainte messe, promettant de lui apporter le bon Dieu vers 7 h. 1/2. Ne pouvant se servir de son bras droit, elle avait fait le signe de la croix de la main gauche, et le prêtre lui avait dit en sortant : « La sainte Vierge est toute bonne et toute miséricordieuse, elle peut bien vous guérir, si elle veut ; mais pour nous prouver que tout ce que vous nous avez dit n'est pas une illusion, aussitôt que vous aurez reçu le bon Dieu vous essaierez de faire le signe de la croix de la main droite ; et si vous le faites bien, ce sera le signe que la sainte Vierge veut bien vous guérir. » Il revint à l'heure dite et lui donna la sainte communion. Il y avait sept ou huit personnes dans la chambre. Aussitôt qu'elle eut reçu le bon Dieu, le prêtre se mit à genoux, se releva un instant après, s'approcha de son lit, l'encouragea en quelques mots et lui dit d'une voix émue : « Ma pauvre Estelle, vous avez eu beaucoup de courage et de résignation, ayez aussi beaucoup de confiance en la sainte Vierge, et pour nous prouver que tout ce que vous nous avez dit n'est pas une illusion, faites votre signe de croix de la main droite. » Aussitôt elle tire son bras droit, et devant tout le monde fait très-bien son signe de la croix. « Recommencez, » lui dit le prêtre avec des larmes d'émotion dans la voix, et elle fait une seconde fois un signe de croix quelque peu exagéré, en disant : « Je suis guérie, je sens bien que je suis guérie. » Un léger murmure d'admiration se fit entendre parmi les assistants et un sourire de joie courut sur leurs lèvres. C'était le premier sourire qui égayait cette chambre sur laquelle l'ombre de la mort planait depuis un mois. Chacun se retira en disant, comme le Prophète, qu'il *venait de voir aujourd'hui des merveilles*. C'était le 19 février, il était environ 8 heures du matin.

Le jour même, Estelle se leva et s'habilla seule devant plusieurs personnes, causa et mangea plusieurs fois. La tumeur qu'elle avait au côté gauche depuis onze ans, qui avait beaucoup grossi dans sa maladie, que toutes les femmes dévouées qui l'avaient soignée depuis une douzaine de jours avaient frictionnée avec une pommade composée à cet effet, cette tumeur avait disparu. Le dernier médecin qui l'avait soignée, appelé trois semaines après pour constater la guérison, resta étonné et stupéfait, mais il n'hésita pas à déclarer la guérison pleine et entière, et à convenir que cette guérison était « en dehors des lois de la nature. » Le docteur B*** apprenant cet événement écrivit de son côté : « Qu'il y
« avait dans cette guérison, avec ce qu'il avait observé de la mala-
« die, quelque chose d'assez extraordinaire pour dérouter les prévisions
« médicales, et qu'on pouvait considérer ce fait comme absolument
« exceptionnel. »

Depuis cette guérison miraculeuse, Estelle n'a pas eu l'ombre d'une rechute ou d'une indisposition, et elle se porte bien mieux qu'elle n'a jamais fait. Le lendemain elle commença par obéissance à écrire le récit qu'on va lire. La main qui l'écrit est ferme, et pour celui qui compare l'autographe, l'écriture de février ne diffère en rien de celle de décembre, sinon qu'elle paraît plus énergique.

Il y a bien d'autres détails d'importance et d'édification, mais ils ne sont pas indispensables pour l'intelligence du récit. Ils paraîtront peut-être plus tard, s'ils sont nécessaires pour publier la gloire de Marie toute miséricordieuse.

PRIÈRE

COMPOSÉE PAR ESTELLE LE LENDEMAIN DE SA GUÉRISON MIRACULEUSE.

« 20 Février 1876, après la sainte Communion.

« O ma bonne Mère, me voilà entre vos mains. Regardez en pitié votre pauvre servante. Ne permettez pas que mes infidélités rendent inutiles les desseins de votre providence sur ma misérable personne. Que ce Jésus que vous avez porté dans votre cœur, et qui daigna descendre encore aujourd'hui dans le mien, soit mon salut et mon unique appui; qu'il arrache en moi cet orgueil qui a si souvent failli me perdre; qu'il déracine tous mes mauvais penchants; en un mot, qu'il retire tout ce qui ne serait pas pour sa gloire et la vôtre. Vierge sainte qui montrez si bien aujourd'hui votre puissance en m'accordant la guérison de mon corps, guérissez-moi du péché qui a si souvent accablé mon âme. O vous ma puissante Protectrice, vous qui, après Dieu, êtes ma consolation, et qui avez adouci mes peines, vous qui êtes la lumière de mon âme en me faisant voir mes iniquités, vous qui êtes ma force, mon trésor, ma joie, l'espérance de ma vie et de mon salut, vous m'avez dit : *Tu es ma fille.* Vous ne pouvez donc repousser mes prières. Daignez les exaucer et avoir compassion de moi, comme il convient à la Mère de Dieu qui a eu tant de bonté et d'amour pour les hommes. Il est leur Père, il vous a établi leur Mère. Puisque vous avez bien voulu me mettre au nombre de vos privilégiées, obtenez-moi de Dieu toutes les grâces nécessaires au salut de mon âme. Je vous promets, ma bonne Mère, de faire tout ce qui dépendra de moi pour me rendre digne de vos faveurs.

« Estelle. »

« 21-26 février 1876.

« Pardonnez-moi, ô mon Dieu, si j'écris ces lignes ; je le fais en esprit d'obéissance ; et si cela peut servir à la gloire de votre sainte Mère, j'en serai très-heureuse. Faites aussi, ô mon Dieu, que cet acte d'obéissance serve à expier mes péchés.

« Depuis neuf mois que j'étais malade, je souffrais beaucoup, non-seulement de corps, mais aussi d'esprit. Ce qui se passait dans mon cœur est impossible à dire. Je ne pouvais me résigner à mourir, et à laisser derrière moi mes parents dont je suis le soutien, et ma petite nièce que j'avais élevée. Pourtant, chaque jour et à toute heure, je disais : Mon Dieu, que votre volonté soit faite. Mais aussitôt la mort apparaissait à mes yeux ; mon cœur désavouait ce que mes lèvres venaient de dire ; je n'avais plus de repos ni le jour ni la nuit.

« Dieu est un bon Père ; mais il veut tout ou rien. Les trois dernières crises furent très-rapprochées. Il se servit de celles-là pour me rappeler à ses ordres. Comme je souffrais beaucoup, mes maîtres cherchèrent autant que possible à adoucir mes souffrances. Ils appelèrent de nouveau les médecins, qui me déclarèrent incurable. J'entendais souvent dire : « Elle ne peut se remettre, elle finira dans une crise. » Je dois bien un peu de ma résignation à ma maîtresse, car elle me disait souvent : « Ma pauvre Estelle, pour souffrir comme cela si longtemps, il vaudrait « mieux que le bon Dieu vous prenne, car tout porte à croire que vous « ne vous remettrez jamais. » Alors je rentrais en moi-même, et pleurais beaucoup en disant : Que deviendront mes parents ? Le jour où je reçus l'Extrême-Onction, je devins plus calme, et dis souvent, après avoir reçu le bon Dieu : Mon Dieu, vous savez mieux que moi ce qu'il me faut, faites ce qu'il vous plaira ; seulement, faites-moi faire mon sacrifice généreusement. Cette fois je le dis du fond de mon âme. Dieu entendit ma prière.

« Après cette crise, je me remis un peu ; l'espoir renaissait dans mon âme ; cela ne dura pas longtemps. Au bout de quelques jours, je retombai pire que jamais ; cette fois je ne me décourageai plus, je tenais à bien mourir, et dans mes grandes souffrances je disais souvent : Mon Dieu, pour expier mes fautes, faites-moi souffrir. Me voici, frappez comme il vous plaira, seulement, donnez-moi la force, la patience et la résignation pour faire votre volonté. Si mes lèvres laissent échapper quelque plainte, que ce soit une prière sortie de mon cœur qui monte vers vous. Après quelques jours je devins plus faible encore, je ne pouvais plus prier, mon sacrifice était fait, je ne demandais plus rien. La sainte Vierge intercédait pour moi ; aussi c'est avec une reconnaissance bien sincère et une humilité profonde que je vais écrire les faveurs dont elle m'a comblée. Je suis bien indigne de ses grâces, car après toutes mes ingratitudes elle devait plutôt m'abandonner que me favoriser. Que ceux qui liront ces lignes, si elles méritent d'être lues, soient bien convaincus d'une chose, c'est que ce n'est pas pour mes propres mérites que la sainte Vierge a obtenu de son Fils ma guérison ; c'est au contraire pour faire voir à beaucoup que, malgré nos péchés, nous avons une bonne Mère qui nous gâte et intercède pour nous. Quelles obligations n'ai-je pas à lui rendre pour tant de bontés ?

« Pendant cinq nuits je vis à peu près la même chose. Dans la nuit du 14 au 15, c'est-à-dire du lundi au mardi, j'étais très-malade. Je ne sais trop ce que j'éprouvais ; si c'est du sommeil, je n'en sais rien. Je cherchais à me reposer, quand tout à coup apparut le diable au pied de mon lit. Oh ! que j'avais peur ! Il était horrible ; il me faisait des grimaces. A peine était-il arrivé que la sainte Vierge apparut de l'autre côté, dans le coin de mon lit. Elle avait un voile de laine bien blanc qui formait trois plis. Je ne pourrais assez dire ce qu'elle était belle ! Ses traits étaient réguliers, son teint blanc et rose, plutôt un peu pâle. Ses grands yeux doux me remirent un peu, mais pas tout à fait, car le diable apercevant la sainte Vierge se recula en tirant mon rideau et le fer de mon lit. Ma frayeur était abominable. Je me cramponnais à mon lit. Il ne parla pas, il tourna le dos. Alors la sainte Vierge lui dit sèchement : « *Que fais-tu là ? Ne vois-tu pas qu'elle porte ma livrée et celle de mon Fils ?* » Il disparut en gesticulant. Alors elle se retourna vers moi, et me dit doucement : « *Ne crains rien, tu sais bien que tu es ma fille.* » Et je me souvins alors que depuis l'âge de 14 ans j'étais enfant de Marie ; j'avais moins peur. Elle me dit : « *Courage, prends patience ; mon Fils va se laisser toucher. Tu souffriras encore cinq jours, en l'honneur des cinq plaies de mon Fils. Samedi, tu sera morte ou guérie. Si mon Fils te rend la vie, je veux que tu publies ma gloire.* » J'étais si surprise alors que je répondis vivement : Mais comment faire ? Moi je ne suis pas grand'chose, je ne sais pas ce que je pourrais faire. Aussitôt je vis entre elle et moi une plaque de marbre blanc que je reconnus pour être un ex-voto. Je lui dis : Mais ma bonne Mère, où faudra-t-il le faire poser ? Est-ce à Notre-Dame des Victoires à Paris, ou à Pellevoi...? Elle ne me donna pas le temps d'achever le mot Pellevoisin. Elle me répondit : « *A Notre-Dame des Victoires, ils ont bien assez de marques de ma puissance, au lieu qu'à Pellevoisin, il n'y a rien. Ils ont besoin de stimulant.* » Elle resta encore quelques instants sans rien dire. Je ne peux expliquer ce qui se passait en moi. Je tremblais, et pourtant que j'étais heureuse ! Je lui promis de faire ce qui dépendrait de moi pour sa gloire. Elle me dit encore : « *Courage, mais je veux que tu tiennes ta promesse* » ; et puis tout disparut. Je regardai longtemps, mais je ne vis plus rien le reste de cette nuit.

« La seconde nuit, je revis le diable, et je reprenais la peur. Il se tenait un peu plus loin. La sainte Vierge parut presque aussitôt que lui, et elle me dit : « *N'aie donc pas peur, je suis là. Cette fois mon Fils s'est laissé attendrir, il te laisse la vie ; tu seras guérie samedi.* » Là-dessus je répondis : Mais ma bonne Mère, si j'avais le choix, j'aimerais mieux mourir pendant que je suis bien préparée. Alors la sainte Vierge me dit en souriant : « *Ingrate, si mon Fils te rend la vie, c'est que tu en as besoin. Qu'a-t-il donné à l'homme sur la terre de plus précieux que la vie ? En te rendant la vie, ne crois pas que tu seras exempte de souffrances ; non, tu souffriras, et tu ne seras pas exempte de peines. C'est ce qui fait le mérite de la vie. Si mon Fils s'est laissé toucher, c'est par ta grande résignation et ta patience. N'en perds pas le fruit par ton choix. Ne t'ai-je pas dit : S'il te rend la vie, tu publieras ma gloire ?* » Le marbre blanc était présent, et à côté, autant de papier de soie blanc qu'il y avait d'épaisseur de marbre ; cela en formait une quantité. Je cherchai à soulever quelques feuillets, cela me fut impossible. La sainte Vierge me regardait toujours souriant. Elle me dit : « *Maintenant regardons le passé.* » Son visage devint un peu plus triste, mais toujours très-doux. Je suis encore toute confuse des fautes que j'ai commises dans le passé, et qui, à mes yeux, étaient des fautes légères. Je garde le silence sur ce que la sainte Vierge me dit en particulier. Je dirai seulement qu'elle me fit de graves reproches que j'avais bien mérités. J'aurais voulu crier pardon ! Mais je ne le pouvais pas, ma peine était trop grande, j'étais stupéfaite. La sainte Vierge me regarda avec bonté, puis elle disparut sans rien dire. Combien j'avais de chagrin !

« La troisième et la quatrième nuit, je revis le diable. Il se tenait si loin que c'est à peine si je distinguais ses gestes. La troisième nuit, la sainte Vierge me dit : « *Allons, du courage, mon enfant.* » A cet instant les reproches de la veille me revinrent à l'esprit. Je craignais et tremblais.

« Elle me fit de nouveaux reproches, mais avec tant de douceur que je me suis rassurée. Elle me dit : « *Tout ceci est passé ; tu as par ta rési-*

gnation racheté ces fautes. » Elle me fit voir quelques bonnes actions que j'avais faites. C'était bien peu de chose à côté de mes fautes. La sainte Vierge vit bien ma peine, car elle me dit : « *Je suis toute miséricordieuse et maîtresse de mon Fils. Ces quelques bonnes actions et quelques prières ferventes que tu m'as adressées ont touché mon cœur de mère, entr'autres cette petite lettre que tu m'as écrite, au mois de septembre. Ce qui m'a le plus touchée, c'est cette phrase : Voyez la douleur de mes parents, si je venais à leur manquer; ils sont à la veille de mendier leur pain. Rappelez-vous donc ce que vous avez souffert, quand Jésus votre Fils fut étendu sur la croix. J'ai montré cette lettre à mon Fils; tes parents ont besoin de toi. A l'avenir, tâche d'être fidèle. Ne perds pas les grâces qui te sont données, et publie ma gloire* (1). »

« La quatrième nuit a été à peu près de même que les autres. Je revoyais chaque nuit ce qu'elle m'avait dit les fois précédentes. Cette nuit là, il me sembla qu'elle resta moins longtemps. Je voulais lui demander des grâces, mais je n'ai jamais pu. Mes pensées se précipitaient. Je voyais dans mon esprit les paroles que la sainte Vierge m'avait répétées : « *Ne crains rien, tu es ma fille; mon Fils est touché de ta résignation* »; ces reproches de mes fautes, leur pardon, lorsqu'elle me dit : « *Je suis toute miséricordieuse et maîtresse de mon Fils* »; ces mots : *Courage, patience, résignation; tu souffriras; tu ne seras pas exempte de peines; tâche d'être fidèle; je veux que tu publies ma gloire.* » Tout ceci et beaucoup d'autres choses passaient si vite! Je ne puis expliquer comment. Je voyais pourtant très-bien et entendais de même. Pourquoi, pendant que la sainte Vierge était là, qui regardait, elle qui est si bonne et si douce, n'ai-je pu rien lui demander? Elle partit comme les autres nuits, en me répétant : « *Tu publieras ma gloire.* » J'essayai encore de dire : Comment; je n'en n'ai pas eu le temps; elle répondit en partant : « *Fais tous tes efforts.* »

« La cinquième nuit du vendredi au samedi n'a pas été tout à fait

---

(1) C'est la lettre dont il a été parlé plus haut. Elle fut retrouvée intacte deux ou trois jours avant l'Immaculée-Conception, par l'ouvrier chargé de faire des réparations urgentes à la grotte de Notre-Dame de Lourdes, à Poitiers. Mais par oubli ou négligence, elle ne fut remise à Mme de Larochefoucauld que le 9 décembre, à Pellevoisin, le lendemain de la dernière apparition. Merveilleux rapprochement! C'est à Pellevoisin que la sainte Vierge voulut la plaque votive, et c'est à Pellevoisin qu'elle voulut faire remettre cet écrit, comme pour dire : On croyait tout fini, quand cette lettre me fut remise, tout ne sera fini au contraire que lorsque je la rendrai.

de même. La sainte Vierge ne resta pas au pied du lit. Elle s'approcha au milieu de mes rideaux. Mon Dieu comme elle était belle ! Elle resta longtemps immobile sans rien dire ; elle se tenait au milieu d'une vapeur claire. Pourquoi, si c'est un rêve, ne dure-t-il pas toujours ? Après ce silence, elle me regarda ; je ne sais pas ce que j'éprouvais, comme j'étais heureuse ! Elle était souriante ; elle me rappela mes promesses. Je voyais ma plaque, mais cette fois elle n'était plus toute blanche. Il y avait aux quatre coins des boutons de roses d'or, dans le haut, un cœur d'or enflammé, avec une couronne de roses, transpercé d'un glaive. Voici ce qu'il y avait d'écrit : « *J'ai invoqué Marie au plus fort de ma misère ; elle a obtenu de son Fils ma guérison entière.* » Je lui ai promis de nouveau de faire tout ce qui dépendrait de moi pour sa gloire. Elle me dit : « *Si tu veux me servir, sois simple, et que tes actions répondent à tes paroles.* » Je lui ai demandé si, pour la servir, je devais changer de position. Elle m'a répondu : « *On peut se sauver dans toutes les conditions ; où tu es, tu peux faire beaucoup de bien et tu peux publier ma gloire.* » Après un petit instant, elle me dit, à ce moment elle devint triste : « *Ce qui m'afflige le plus, c'est le manque de respect qu'on a pour mon Fils dans la sainte Communion et l'attitude de prière que l'on prend quand l'esprit est occupé d'autres choses. Je dis ceci pour les personnes qui prétendent être pieuses.* » Après ces paroles, elle reprit son air souriant. Je lui ai demandé si je devais parler de ce qu'elle m'avait dit tout de suite ; la sainte Vierge me répondit : « *Oui, oui, publie ma gloire ; mais avant d'en parler, tu attendras l'avis de ton confesseur et directeur. Tu auras des embûches ; on te traitera de visionnaire, d'exaltée, de folle ; ne fais pas attention à tout cela. Sois-moi fidèle, je t'aiderai.* » Je regardais toujours ; mes yeux la fixaient sans se fatiguer, et puis tout doucement la sainte Vierge s'éloignait. Je n'ai jamais rien vu de si beau. Petit à petit elle disparaissait, il ne restait plus que la buée (douce clarté) qui était autour d'elle, et ensuite tout disparut.

« A ce moment je souffrais horriblement ; mon cœur battait si fort que je croyais qu'il voulait sortir de ma poitrine. L'estomac et le ventre me faisaient aussi beaucoup souffrir. Je me souviens très-bien que je tenais mon chapelet de la main gauche ; il m'était impossible de soulever la droite. J'offris mes souffrances au bon Dieu ; je ne savais pas que c'étaient les dernières de cette maladie là. Après un moment de repos, je me sentais bien. Je demandai l'heure, il était minuit et demi. Je me sentais guérie, excepté mon bras droit, dont je n'ai pu me servir qu'après avoir reçu le bon Dieu.

« Oh! combien de grâces j'ai à rendre à cette bonne Mère du ciel! Mon cœur ne pourra jamais assez vous remercier. Suppléez-vous même à ce qui me manque.

« Estelle. »

6e *Apparition*. — *Samedi, 1er Juillet 1876, veille de la Visitation et de la Consécration de la basilique de Notre-Dame de Lourdes.*

« C'est devant vous, ô mon Dieu, que je vais écrire la visite que j'ai reçue hier soir de votre divine Mère, malgré que je ne sois que néant et pécheresse. Que ce soit pour sa gloire.

«Lorsque je me suis mise à faire ma prière, mon esprit, comme toujours, s'est reporté au tableau que j'avais vu dans le mois de février. Aussitôt après, je pris un livre afin de lire seulement quelques lignes ; je ne voulais pas me coucher tard, selon la défense qui m'en a été faite ; il était dix heures un quart. J'étais à genoux devant ma cheminée, quand, tout à coup, je vis la sainte Vierge tout environnée d'une douce lumière, comme je l'ai déjà vue ; seulement je la vis tout entière, de la tête aux pieds. Quelle beauté et quelle douceur ! Son cordon de taille tombait presque au bas de sa robe. Elle était toute blanche et se tenait debout. Ses pieds étaient à la hauteur du pavé ; seulement le pavé avait l'air d'être baissé. En la voyant d'abord, elle avait les bras tendus, il tombait de ses mains comme une pluie. Elle fixait quelque chose ; puis ensuite elle prit un de ses cordons, le porta jusqu'à sa poitrine où elle croisa ses mains. Elle souriait. Puis elle me dit en me regardant : « *Du calme, mon enfant, patience, tu auras des peines, mais je suis là.* » Le cordon qu'elle tenait retomba ; il glissa bien près de moi. Je n'ai rien dit, je ne pouvais pas parler. J'étais bien heureuse ; voilà tout. La sainte Vierge resta encore un petit instant, puis elle me dit : « *Courage, je reviendrai.* » Ensuite elle disparut en s'éloignant lentement, de même qu'au mois de février. Que n'ai-je pu vous suivre ma bonne Mère ! Mais vous reviendrez.

« 2 juillet, dans l'église, après mon action de grâces.

« Estelle. »

7ᵉ Apparition. — *Nuit du 1 au 2 Juillet. La moitié de ce récit a été écrite de suite, à 1 heure du matin.*

« Puisque je dois publier votre gloire, ma bonne Mère, je vais par obéissance raconter votre visite de cette nuit.

« Je me suis couchée à 10 heures et demie. Il m'en coûta pour me coucher ; car j'avais vu la sainte Vierge, hier soir, vers cette heure. Je me suis endormie de suite profondément. Enfin à 11 h. 1/2 je me suis réveillée complétement ; je me suis levée et me suis un peu habillée pour voir l'heure. Je croyais avoir dormi longtemps. Voyant qu'il n'était que cette heure, j'avais espoir de voir la sainte Vierge avant minuit. Je me suis mise à genoux et j'ai récité la moitié du *Je vous salue, Marie*. La sainte Vierge était devant moi. Je n'ai pu achever, j'étais trop heureuse ! Elle était de même qu'hier, la pluie tombait de ses mains, et dans le fond clair qui l'environnait, il y avait une guirlande de roses. Elle resta quelque temps ainsi, puis elle croisa les mains sur sa poitrine. Ses yeux étaient sur moi. « Tu as déjà publié ma gloire. » (Là elle me confia quelque chose dont je dois garder le secret.) « *Continue. Mon Fils a aussi quelques âmes plus attachées. Son cœur a tant d'amour pour le mien, qu'il ne peut refuser mes demandes. Par moi il touchera les cœurs les plus endurcis.* » A ce moment, elle était si belle !

J'ai pu lui demander quelque chose. Le papier que j'avais vu du 15 au 16 février me revint à l'esprit. Alors j'ai dit : Ma bonne Mère, que faudra-t-il faire de ce papier ? « *Il servira à publier ces récits comme l'ont jugé plusieurs de mes serviteurs. Il y aura bien des contradictions, ne crains rien, sois calme.* » Après, je voulais lui demander encore autre chose, c'est-à-dire une marque de sa puissance. Ceci m'embarassait, je ne savais comment lui dire. Cependant je dis : » Ma bonne Mère, pour votre gloire, s'il vous plaît. » Elle me comprit. Elle souriait très-aimablement, puis elle me répondit : « *Est-ce que ta guérison n'est pas une des plus grandes preuves de ma puissance ? Je suis venue particulièrement pour la conversion des pécheurs.* » Et comme pendant qu'elle parlait je pensais à différentes manières dont la sainte Vierge pouvait faire éclater sa puissance, elle me répondit : « *On verra plus tard.* » Puis elle resta encore un bon moment, et tout doucement elle s'éloigna. La guirlande de roses resta après elle, puis la clarté semblait s'éteindre doucement. J'ai resté un tout petit instant à genoux, puis je me suis recouchée, il était minuit et demi. Je dormis peu le reste de la nuit, et ce n'est que par obéissance que j'ai écrit ces lignes.

« Tout pour votre gloire, ma bonne Mère. Merci de vos faveurs. Puisse votre divin Fils être aussi touché de ces quelques efforts que j'ai pu faire pour publier votre gloire.

« Estelle. »

8e Apparition. — 3 Juillet, jour du Couronnement de Notre-Dame de Lourdes.

« J'ai vu de nouveau la sainte Vierge cette nuit. Elle était de même que l'autre nuit. Elle resta seulement quelques minutes. Elle me dit avec un tendre reproche : « *Je voudrais que tu sois encore plus calme. Je ne t'ai pas fixé l'heure à laquelle je devais revenir, ni le jour. Tu as besoin de te reposer, je ne resterai que quelques minutes* » A cet instant je voulais lui témoigner mon désir. Elle me dit toute souriante : « *Je suis venue pour terminer la Fête.* » Elle resta encore quelques minutes, puis elle partit comme les autres nuits. Il n'était pas tout à fait minuit.

« Écrit le 4 juillet.

« Estelle. »

9e Apparition. — Samedi 9 Septembre, dans l'octave de la Nativité de la sainte Vierge, et veille de la Fête du saint Nom de Marie, vers 2 h. 3/4 après midi. Elle dura 7 ou 8 minutes.

« Puisque vous demandez que je publie votre gloire, ma bonne Mère, c'est donc uniquement pour vous plaire que je vais écrire vos paroles.

« Depuis plusieurs jours, j'avais le désir d'aller dans la chambre où je fus guérie. Enfin aujourd'hui, le 9 septembre, j'ai pu m'y rendre. Je finissais de dire mon chapelet, quand la sainte Vierge est venue. Elle était comme le 1er juillet. Elle regarda partout sans rien dire avant de me parler, puis elle me dit : « *Tu t'es privée de ma visite le 15 août ; tu n'avais pas assez de calme. Tu as bien le caractère du Français. Il veut tout* savoir avant d'apprendre, et tout comprendre avant de savoir. Hier encore je serais venue ; tu en as été privée. J'attendais de toi cet acte de soumission et d'obéissance. » A ce moment je compris très-bien que si je ne m'étais pas soumise et si je n'avais obéi, j'aurais été privée de la voir davantage. Puis elle s'arrêta et dit : « *Depuis longtemps les trésors de mon Fils sont ouverts ; qu'ils prient.* » En disant ces paroles, elle souleva la petite pièce de laine qu'elle portait sur sa poitrine. J'avais toujours vu cette petite pièce, sans savoir ce que c'était, car jusqu'alors je l'avais vue toute blanche. En soulevant cette petite pièce, j'aperçus un cœur rouge qui ressortait très-bien (1). J'ai pensé de suite que c'était un scapulaire du Sacré-Cœur. Elle dit en le soulevant : « *J'aime cette dévotion* ». Elle s'arrêta encore ; puis elle reprit. « *C'est ici que je serai honorée.* »

« ESTELLE. »

10e Apparition. — *Dimanche 10 Septembre, Fête du saint Nom de Marie. Elle ne dura que quelques minutes.*

« Le 10 septembre la sainte Vierge vint à peu près à la même heure. Elle ne fit que passer, en disant : « *Qu'ils prient, je leur en montre l'exemple.* » En disant cela elle a joint ses mains, puis elle a disparu. Le coup des Vêpres sonnait (2).

« ESTELLE. »

11e Apparition. — *Vendredi 15 Septembre, octave de la Nativité de la sainte Vierge.*

« Le 15 septembre, avec la permission de ma maîtresse, j'ai été prier dans ma chambre. Quel bonheur! Que ne puis-je y passer ma vie! J'y suis allée deux fois, ce n'est qu'à la deuxième fois que j'ai vu la

---

(1) On a tenu à reproduire si scrupuleusement les écrits d'Estelle qu'on y a même laissé les fautes de français. Les fautes d'orthographe seules ont été corrigées. Cette phrase semblerait indiquer que c'est Estelle qui a soulevé la pièce d'étoffe, mais non. Au reste, une phrase suivante l'explique. Ce scapulaire, une fois plus grand que celui du Carmel, porte un cœur rouge avec couronne d'épines, croix entourée de flammes, et jet de sang mêlé d'eau du côté droit.

(2) La sainte Vierge portait le scapulaire qu'elle avait révélé hier. Elle le portera désormais dans toutes ses apparitions.

sainte Vierge; il était à peu près trois heures moins un quart. Elle était comme toujours, les bras tendus, la pluie tombait de ses mains. Elle resta longtemps sans rien dire, et avant de me parler, elle tourna ses yeux de tous côtés, puis après elle me dit des choses particulières.

« Elle me dit : « *Je te tiendrai compte des efforts que tu as faits pour avoir le calme ; ce n'est pas seulement pour toi que je le demande, mais aussi pour l'Église et pour la France. Dans l'Église, il n'y a pas ce calme que je désire.* » Elle soupira et remua la tête, en disant : « *Il y a quelque chose.* » Elle s'arrêta. Elle ne me dit pas ce qu'il y avait, mais je compris tout de suite qu'il y avait quelque discorde. Puis elle reprit lentement : « *Qu'ils prient, et qu'ils aient confiance en moi.* » Ensuite la sainte Vierge me dit tristement, elle ne pleurait pas : « *Et la France ! Que n'ai-je pas fait pour elle ? Que d'avertissements, et pourtant encore elle refuse d'entendre ! Je ne peux plus retenir mon Fils.* » Elle paraissait émue en ajoutant : « *La France souffrira ;* » elle appuya sur ces paroles. Puis elle s'arrêta encore et reprit : « *Courage et confiance.* » Alors, à cet instant, je pensais en mon cœur : Si je dis ceci, on ne voudra peut-être pas me croire ; et la sainte Vierge m'a comprise, car elle m'a répondu : « *J'ai payé d'avance ; tant pis pour ceux qui ne voudront pas le croire, ils reconnaîtront plus tard la vérité de mes paroles.* » Puis tout doucement elle partit.

« O ma bonne Mère, il est encore temps. Vos paroles encourageantes feront croître notre amour et notre confiance en vous. *Vous êtes toute miséricordieuse et maîtresse de votre Fils.* Vous m'avez dit : « *Les trésors de mon Fils sont ouverts.* » Eh bien ! s'il lui plaît de nous éprouver encore et de nous punir, comme nous le méritons, nous aurons au moins la consolation de puiser à cette source inaltérable qui jaillit de son divin Cœur. *Cette dévotion que vous aimez,* j'en parlerai, ma bonne Mère, le plus qu'il sera en mon pouvoir. Je ne suis rien, mais vous permettrez que mon bon vouloir de vous plaire serve à votre gloire.

« Estelle. »

Mlle Blanche de Tyran avait suivi Estelle dans sa chambre. Voici son témoignage en abrégé :

« Estelle commença à réciter son chapelet à genoux, vers le milieu de la chambre. Elle en avait dit à peu près une dizaine et demie, lorsque Mlle de Tyran, placée à deux pas d'elle environ, n'entendit plus ni le bruit de ses lèvres, ni le souffle de sa respiration, ni le moindre bruit des grains de chapelet. Estelle resta ainsi à genoux environ trois quarts d'heure, complétement immobile, les mains jointes et un peu avancées ! Au bout de ce temps, elle poussa un soupir profond et presque douloureux, sembla essuyer quelques larmes et demanda à Mlle de Tyran si elle n'avait pas vu la sainte Vierge. Celle-ci, placée un peu en arrière, ne pouvait voir ses yeux, mais elle voyait très-bien la vive coloration de ses joues. Estelle alors lui dépeignit le scapulaire du Sacré-Cœur et lui dit quelques particularités de sa vision. »

12e Apparition. — 1er Novembre, fête de la Toussaint, vers midi et demi; elle ne dura que quelques minutes. La sainte Vierge ne lui parla pas, mais elle portait, comme les autres fois, le scapulaire du Sacré-Cœur.

« Vous ne m'avez pas parlé, ma bonne Mère, j'écrirai cependant pour votre gloire la visite que vous avez bien voulu me faire aujourd'hui.

« Depuis une quinzaine de jours, malgré tous mes efforts pour m'empêcher de penser à revoir la sainte Vierge, je ne pouvais faire autrement ; et justement au moment où je faisais tout ce que je pouvais pour n'y pas penser, mon cœur sautait dans ma poitrine, dans l'espoir que je la reverrais. Enfin, aujourd'hui premier novembre, je revis cette bonne Mère du Ciel. Elle était comme toujours, les bras tendus, et portait le scapulaire qu'elle me fit voir le 9 septembre. En arrivant, comme toujours, elle fixait quelque chose que je ne pouvais pas voir ; puis elle regarda de tous côtés. Elle ne m'a rien dit. Puis elle jeta les yeux sur moi et m'a regardée avec beaucoup de bonté, et partit.

« Oh ! si je pouvais donc vous suivre, ma bonne Mère ! C'est toujours mon premier sentiment quand je vois la sainte Vierge. Aujourd'hui, sitôt après le départ de cette bonne Mère, au moment où je revoyais tout ce qui était devant moi dans ma chambre, c'était sombre.

« Quelle tristesse j'ai éprouvée ! Mon Dieu, que voulez-vous de moi ? Je suis prête ? Faites tout ce qui vous plaira. Et pour votre très-sainte Mère, elle qui est si bonne et si miséricordieuse, que veut-elle de moi, pauvre créature. Que puis-je faire ? Parlez, ô très-sainte Mère. Je renouvelle la promesse que j'ai faite devant vous.

« Je ferai tout ce qui dépendra de moi pour votre gloire.

«Estelle FAGUETTE.»

Mlle de Tyran était encore présente lors de cette apparition. Voici son témoignage :

« Mme de Larochefoucauld et elle étaient entrées dans la chambre en voyant entrer Estelle. Elles sortirent au bout d'un quart d'heure à peu près. Mlle de Tyran rentra presque aussitôt, et trouva Estelle dans le même état de fixité et d'immobilité que le 15 septembre. Cela ne dura que quelques minutes, mais elle dit à Mme de Larochefoucauld qu'Estelle devait avoir vu la sainte Vierge.

« Estelle était triste le soir de n'avoir pas entendu la sainte Vierge lui parler comme les autres fois. M. le Curé, pour le pressentir, lui dit que c'étaient peut-être des adieux ; que la sainte Vierge n'avait pas parlé, il est vrai, mais qu'elle semblait parler par son scapulaire qu'il fallait répandre.

« Je ne sais, répondit-elle, si je reverrai la sainte Vierge, mais il me semble que ce ne sont pas des adieux, et que je la reverrai. »

13e Apparition. — Dimanche 5 Novembre.

« Dimanche 5 novembre.

« Vers 2 h. 1/2 je suis allée dans ma chambre pour dire mon chapelet, et lorsque je l'eus fini, je vis la très-sainte Vierge. Elle était belle comme toujours. En la voyant, je pensais que j'étais bien indigne de ses grâces et que tant d'autres méritaient plus que moi ses faveurs et pouvaient davantage publier sa gloire. Alors elle me regarda et sourit en me disant : « *Je t'ai choisie.* » Oh ! que j'étais heureuse ! Quelle bonté dans son regard, et quelle miséricorde ! Elle portait son scapulaire ; comme il était beau ! Elle s'arrêta un moment et reprit toujours souriant : « *Je choisis les petits et les faibles pour ma gloire.* » Elle s'arrêta encore et me dit : « *Courage, le temps de tes épreuves va commencer.* » Puis elle croisa ses mains sur sa poitrine et partit.

« Tout pour vous, ma bonne Mère.

« ESTELLE F. »

Cette vision dura à peu près un quart d'heure, au témoignage de la Supérieure des Sœurs, sœur Marie-Théodosie, présente pendant ce temps-là. Voici ce qu'elle raconte :

« Elle entra dans la chambre avec Estelle qui se mit à prier ; mais elle n'était pas à sa place habituelle. Au bout de quelques instants, la Sœur revint à l'église, où elle resta environ dix minutes, après quoi elle retourna à la chambre. Le bruit qu'elle fit en entrant ne dérangea pas Estelle qui s'était mise à sa place ordinaire et dont elle remarqua l'immobilité. Elle s'approcha d'elle, à deux pas au plus, de manière à bien voir sa figure et ses yeux. La figure était calme et les yeux fixes. La Sœur n'entendait pas le souffle de sa respiration, et cependant elle voyait très-bien sortir ce souffle de sa bouche, mais ses lèvres ne remuaient pas. Elle resta tout le temps d'une fixité et d'une immobilité complète. A la fin elle poussa de gros soupirs, et la Sœur la vit essuyer des larmes.

« Malgré l'annonce des ses épreuves, Estelle était heureuse et même joyeuse à la suite de cette apparition. C'est une remarque faite par tout le monde, parmi ceux qui l'ont vue le jour et le lendemain. »

14e Apparition. — Samedi 11 Novembre.

« Hier samedi, je revis la sainte Vierge. Je suis allée dans ma chambre pour y prier, m'y sentant poussée par je ne sais quoi, depuis plusieurs jours. J'avais même eu le désir de partir dès le matin pour Pellevoisin, afin d'avoir plus de temps ; mais Dieu avait ses vues. Je ne pus partir que dans l'après-midi, et n'ai pu aller dans ma chambre que vers 4 heures moins dix minutes. J'avais fini de dire mon chapelet et dit un *Souvenez-vous* à cette bonne Mère, lorsqu'elle est venue. Elle était comme les autres fois, les bras tendus et avait son scapulaire. (Qu'il est donc beau, comme il ressort sur sa poitrine !) En arrivant, comme toujours, elle resta un bon moment sans rien dire, puis elle me regarda et me dit quelque chose pour moi. Puis elle me dit : « *Tu n'a pas perdu ton temps aujourd'hui ; tu as travaillé pour moi.* » (J'avais fait un scapulaire.) Elle était souriante, puis elle ajouta : « *Il faut en faire beaucoup d'autres.* » Elle s'arrêta assez longtemps, et après elle devint un peu triste, et me dit : « *Courage.* » Et puis elle partit, en croisant ses mains sur sa poitrine. Elle cacha entièrement son scapulaire.

« Ayez pitié de moi, ma bonne Mère, je suis votre enfant.

« Écrit le 12 novembre.

«ESTELLE. F.»

Cinq personnes étaient présentes pendant cette apparition qui dura un grand quart d'heure ; Mlle de Tyran pendant tout ce temps, et les sœurs Marie de Jésus, St-Chrysostôme, Ste-Angélique et Thersile Salmon pendant les cinq ou six dernières minutes. Mlle de Tyran constata la même fixité de regard et immobilité de corps qu'aux extases précédentes. La mère d'Estelle étant même entrée avec bruit pour parler à Mlle de Tyran, Estelle ne parut pas l'entendre. Elle était dans cet état, à genoux à sa place ordinaire, depuis une dizaine de minutes, lorsque entrèrent avec bruit les quatre personnes plus haut nommées ; elles causèrent même un peu, et l'une d'elle alluma une bougie à un pas d'Estelle, à peu près. On entendait du bruit au dehors, mais Estelle fut insensible à tout cela. Toutes attestent les yeux fixes sans aucun mouvement de paupières. A la fin, elle éleva les mains comme pour prendre ou suivre quelque chose, poussa un profond soupir, et de grosses larmes coulèrent le long de ses joues. Elle resta encore quelques instants à genoux, et parut tout étonnée de voir une bougie allumée et cinq personnes à côté d'elle.

Comme Mlle de Tyran avait vu Estelle dire auparavant tout son chapelet à genoux, avec quelques prières après, elle ne resta donc pas moins de quarante minutes à genoux.

15e Apparition. — *8 Décembre 1876, Fête de l'Immaculée-Conception.*

« Il y a quelques heures que je suis revenue de Pellevoisin, et je ne suis pas encore remise de mon émotion. J'ai revu la sainte Vierge, et je ne la reverrai plus sur la terre. Elle me l'a dit. Personne ne pourrait comprendre ce que j'éprouve. Pourtant je suis prête à tout sacrifier pour la gloire de Celle qui m'a comblée de grâces. Ses promesses me consoleront. Elle sera près de moi ; je ne la verrai pas, mais elle parlera à mon cœur. O ma bonne Mère, faites que je sois docile à votre voix, et que jamais je ne m'écarte du chemin que vous m'avez tracé. Vous m'avez dit : *« Je t'aiderai. »* Je compte sur vous ; vous ne m'abandonnerez pas ! Je vais donc, en toute sûreté pour votre gloire, écrire votre dernière visite.

« Aujourd'hui après la grand'Messe, j'ai revu cette douce Mère. Elle était plus belle que jamais ; il y avait autour d'elle sa guirlande de roses comme au mois de juillet. En arrivant, tout d'abord, elle resta sans rien dire comme les fois précédentes ; puis elle me dit : « *Ma fille, rappelle-toi mes paroles.* » A ce moment, je les revis toutes depuis le mois de février, et plus particulièrement celles-ci : « *Tu sais bien que tu es ma fille ; je suis toute miséricordieuse et maîtresse de mon Fils.* » Ses plaintes lorsqu'elle me dit : « *Ce qui m'afflige le plus, c'est le manque de respect qu'on a pour mon Fils dans la sainte Communion, et l'attitude de prière que l'on prend quand l'esprit est occupé d'autres choses.* » Puis les paroles du mois de juillet : « *Son cœur a tant d'amour pour le mien qu'il ne peut refuser mes demandes. Par moi il touchera les cœurs les plus endurcis. Je suis venue particulièrement pour la conversion des pécheurs.* » Puis vinrent les paroles du mois de septembre : « *Les trésors de mon Fils sont ouverts, qu'ils prient ;* » et quand, montrant son scapulaire, elle dit : « *J'aime cette dévotion.* » Ces paroles remarquables : « *C'est ici que je serai honorée.* » Je vis encore ses recommandations pour l'Église et pour la France : « *Je recommande le calme, non-seulement pour toi, mais encore pour l'Église et pour la France.* » Vinrent ces paroles du mois de novembre : « *Je t'ai choisie, je choisis les petits et les faibles pour ma gloire.* » Parmi ces paroles, j'en revis encore beaucoup d'autres. J'en garderai le secret. Tout ceci passa vite. La sainte Vierge me regardait toujours ; elle me dit : « *Répète-les souvent ; qu'elles te fortifient et te consolent dans tes épreuves. Tu ne me reverras plus.* » Alors je me suis mise à crier : Qu'est-ce que je vais devenir sans vous, ma bonne Mère ? La sainte Vierge m'a répondu : « *Je serai invisiblement près de toi.* » Je voyais à cet instant, dans le lointain, à gauche, une foule de gens de toute sorte ; ils me menaçaient et faisaient des gestes de colère. J'avais un peu peur. La sainte Vierge souriait ; elle me dit : « *Tu n'as rien à craindre de ceux-ci. Je t'ai choisie pour publier ma gloire et répandre cette dévotion.* » La sainte Vierge tenait son scapulaire des deux mains. Elle était si encourageante, que je lui dis : Ma bonne Mère, si vous vouliez me donner ce scapulaire ? La sainte Vierge n'eut pas l'air de m'entendre. Elle me dit en souriant : « *Lève-toi et baise-le.* » Oh ! alors je me suis levée vivement. La sainte Vierge se pencha vers moi, et je l'ai baisé. Ce fut pour moi un moment de délices. Puis la sainte Vierge se releva et me dit en parlant de son scapulaire : « *Tu iras toi-même trouver le Prélat, et tu lui présenteras le modèle que tu as fait. Dis-lui qu'il t'aide de tout son pouvoir, et que rien ne me sera plus agréable que de voir cette livrée sur chacun de mes enfants, et qu'ils s'appliqueront tous à réparer* les outrages que mon Fils reçoit dans le sacrement de son amour. *Vois les grâces que je répands sur ceux qui le porteront avec confiance et qui t'aideront à le propager.* » En disant ceci, la sainte Vierge étendit ses mains ; il en tombait une pluie abondante, et dans chacune de ces gouttes, il me semblait voir les grâces écrites telles que : piété, salut, confiance, conversion, santé ; en un mot toutes sortes de grâces plus ou moins fortes. Puis la sainte Vierge ajouta : « *Ces grâces sont de mon Fils ; je les prends dans son Cœur, il ne peut me refuser.* » Alors je dis : Ma bonne Mère, que faudra-t-il mettre de l'autre côté de ce scapulaire ? La sainte Vierge me répondit : « *Je le réserve pour moi ; tu soumettras ta pensée, et l'Église décidera.* »

« Je sentais que cette bonne Mère allait me quitter, et j'avais du chagrin. Elle s'élevait doucement ; elle me regardait toujours, et me dit : « *Courage. S'il ne pouvait t'accorder tes demandes,* (la sainte Vierge parlait du Prélat,) *et qu'il s'offre des difficultés, tu irais plus loin. Ne crains rien, je t'aiderai.* » Elle fit le demi tour de ma chambre et disparut à peu près où était mon lit.

« Mon Dieu, que j'avais de la peine ! Merci, ma bonne Mère, je ne ferai rien sans vous.

«Estelle FAGUETTE.»

Cette vision eut lieu vers midi et demi ; elle dura un grand quart d'heure au moins. Quinze personnes en furent témoins, pendant plus ou moins de temps, car toutes n'arrivèrent pas ensemble. Voici leurs témoignages en abrégé :

La Supérieure des Sœurs, sœur Marie-Théodosie, la sœur Ste-Emérance et Mlle Blanche de Tyran virent Estelle pendant un quart d'heure environ. Elle était déjà immobile comme dans ses dernières extases, quand elles s'aperçurent de son immobilité. Toutes les trois l'ont vue, quelques instants après, se lever précipitamment, s'approcher de la cheminée de la chambre transformée ce jour là en autel pour la réception des Enfants de Marie. Toutes les trois ont vu ses mains tendues en avant, frémissantes, se poser sur un bouquet de roses placé sur le milieu de l'autel, s'élever comme pour saisir ou retenir quelque chose. Toutes les trois l'ont vue avancer la tête et les lèvres comme pour baiser également quelque chose. Le regard était fixe, mais les lèvres s'agitaient. Le reste du temps, les lèvres restèrent immobiles comme son regard. Quelques instants auparavant la Supérieure des Sœurs et sœur Ste-Emérance l'avaient vue regarder vers l'angle du mur du côté de la fenêtre. N'eût été le souffle qui sortait de sa bouche, on aurait pu la croire morte.

Mlle de Tyran sortit alors pour appeler Mme de Larochefoucauld et les personnes qui étaient au salon, au-dessus de la chambre. Elle descendit suivie de Mme de Larochefoucauld, de ses deux filles, Mlles Solange et Louise et de Mlle Simonet leur institutrice. Comme elles descendirent précipitamment, elles firent beaucoup de bruit ; mais Estelle y fut insensible. Elle était restée debout les mains croisées sur son chapelet, le regard fixe devant elle. Mme de Larochefoucauld alla se placer à deux pas d'elle au plus, presque en face, et fit du bruit en remuant des chaises ; elle ne parut pas s'en apercevoir.

A ce moment la Supérieure des Sœurs vint avertir M. le Curé qui accourut suivi de Mme de Menou, de sa sœur Thersile Salmon et de la Supérieure. Estelle était encore debout. Quelques minutes après, tous la virent tourner la tête, mais sans aucun mouvement de ses yeux ni de paupières, vers le milieu de la chambre, à l'endroit à peu près où était son lit. M. le Curé placé entre elle et M. de Larochefoucauld, sur le même plan, la voyait presque de face. Elle se tourna d'une pièce, semblant suivre quelque chose avec des yeux d'une fixité effrayante. On eût dit un automate ou une morte. Son visage était très-enflammé. Quelques instants après elle tomba à genoux. Mme de Larochefoucauld et les personnes descendues avec elle la virent onze minutes. M. le Curé la vit un peu plus de cinq minutes, ainsi que les personnes venues avec lui. Il fit à dessein du bruit, à un moment ; mais elle n'eut pas l'air de s'en apercevoir, non plus que de celui que faisaient les personnes en entrant.

Elle était à genoux devant l'autel, quand entrèrent sœur St-Chrysostôme, sœur Ste-Angélique et Marie Sarrasin. Elles virent très-bien son visage enflammé se tourner à gauche et son immmobilité complète. Un instant après arriva sœur Marie de Jésus qui ne vit que son immobilité. Comme ces trois Sœurs l'avaient déjà vue le 11 novembre, elles ne remarquèrent pas de différence entre les deux extases, sauf le regard fixe tourné un instant à gauche. Un peu auparavant était entré M. l'abbé Goujon, précepteur à Poiriers ; mais toute son attention s'étant portée sur la statue de la sainte Vierge, et ne pouvant de sa place voir le visage d'Estelle, il remarqua seulement le mouvement de sa tête qui semblait suivre quelque chose.

La chambre et le couloir étaient combles. D'autres personnes arrivèrent, mais il était trop tard. Estelle était revenue à son état normal, avait ôté son chapelet et demandé l'heure. Elles ne la virent qu'essuyer ses larmes.

Interrogée le soir si elle avait conscience de s'être levée et d'avoir touché aux roses, elle répondit qu'elle n'en avait pas connaissance; mais qu'elle avait bien dû se lever puisque la sainte Vierge le lui avait dit. Quant aux roses, elle ne savait ce qu'on voulait dire.

Dans la soirée, beaucoup de personnes allèrent prier à la chambre, et l'émotion était grande à Pellevoisin.

Lettre d'Estelle portée par Mlle Reiter dans les premiers jours de septembre, aux pieds de N.-D. de Lourdes, à Poitiers, et remise à Mme de Larochefoucauld, à Pellevoisin, le lendemain de la dernière apparition.

« O ma bonne Mère, me voici de nouveau prosternée à vos pieds. Vous ne pouvez pas refuser de m'entendre. Vous n'avez pas oublié que je suis votre fille et que je vous aime. Accordez-moi donc de votre divin Fils la santé de mon pauvre corps pour sa gloire. Regardez donc la douleur de mes parents; vous savez bien qu'ils n'ont que moi pour ressource. Ne pourrai-je pas achever l'œuvre que j'ai commencée? Si vous ne pouvez, à cause de mes péchés, obtenir une entière guérison, vous pourrez du moins m'obtenir un peu de force pour pouvoir gagner ma vie et celle de mes parents. Vous voyez, ma bonne Mère; ils sont à la veille de falloir mendier leur pain; je ne puis penser à cela sans en être profondément affligée. Rappelez-vous donc les souffrances que vous avez endurées la nuit de la naissance du Sauveur, lorsque vous fûtes obligée d'aller de porte en porte demander asile! Rappelez-vous aussi ce que vous avez souffert quand Jésus fut étendu sur la croix. J'ai confiance en vous, ma bonne Mère; si vous voulez, votre Fils peut me guérir. Il sait que j'ai désiré vivement d'être du nombre de ses épouses, et que c'est en vue de lui être agréable que j'ai sacrifié mon existence pour ma famille qui a tant besoin de moi. Daignez écouter mes supplications, ma bonne Mère, et les redire à votre divin Fils. Qu'il me rende la santé, si tel est son bon plaisir, mais que sa volonté soit faite, et non la mienne. Qu'il m'accorde au moins une résignation entière à ses desseins, et que cela serve pour mon salut et celui de mes parents. Vous possédez mon cœur, Vierge sainte; gardez-le toujours, et qu'il soit le gage de mon amour et de ma reconnaissance pour vos maternelles bontés. Je vous promets, ma bonne Mère, si vous m'accordez les grâces que je vous demande, de faire tout ce qui dépendra de moi pour votre gloire et celle de votre divin Fils. Prenez sous votre protection, ma chère petite nièce, et mettez-la à l'abri des mauvais exemples. Faites, ô Vierge sainte, que je vous imite dans votre obéissance, et qu'un jour je possède avec vous Jésus dans l'éternité. »

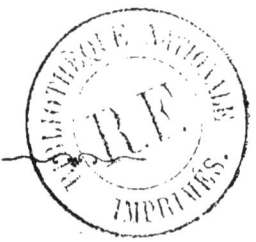

Bourges. Imprimerie E. Pigelet, rue Joyeuse, 15.

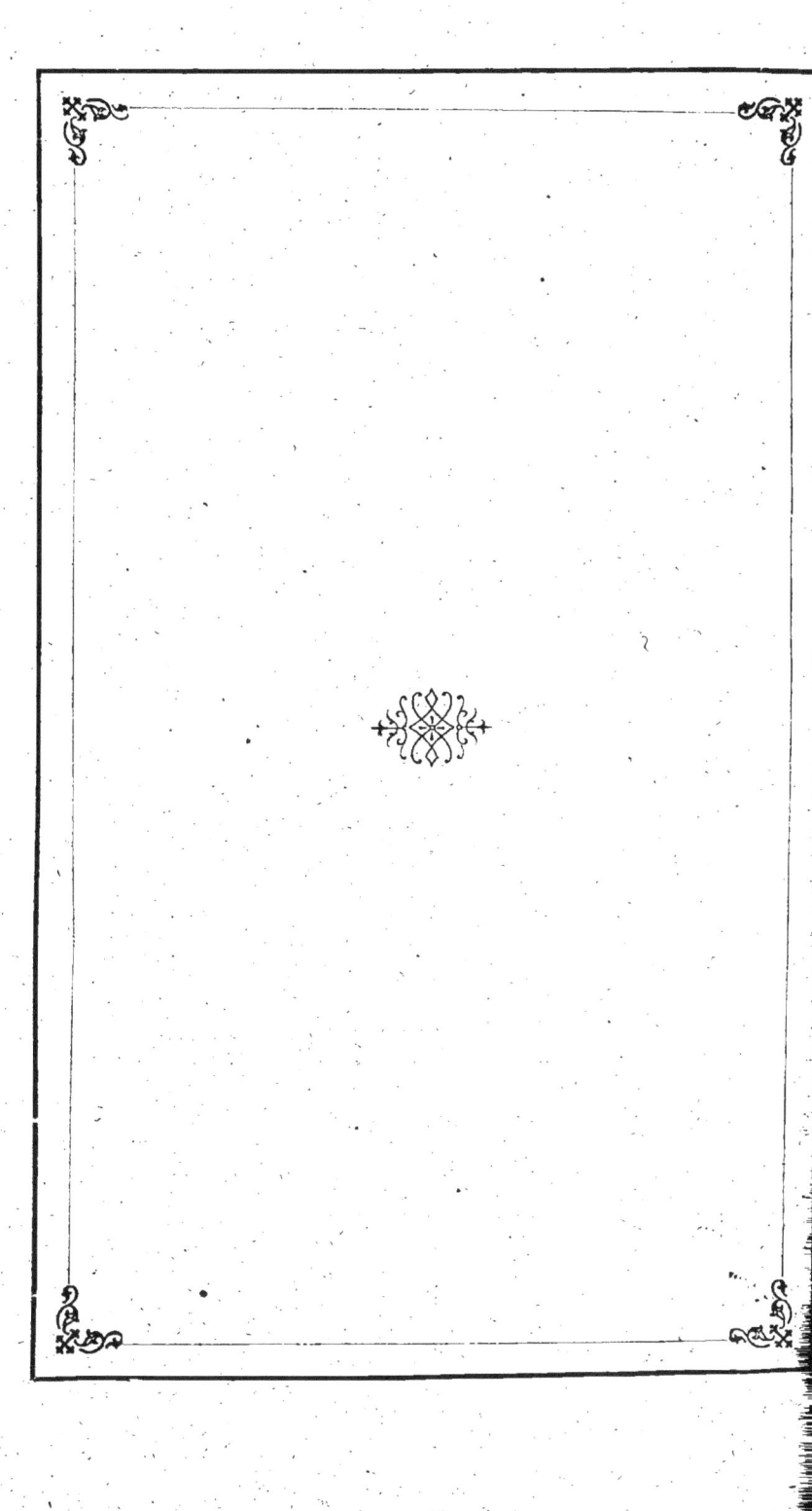

www.ingramcontent.com/pod-product-compliance
Lightning Source LLC
Chambersburg PA
CBHW060612050426
42451CB00012B/2219